징하게
좋은 사랑

박인태 제2시집

징하게 좋은 사랑

인쇄 2015년 04월 10일
발행 2015년 04월 15일

지은이 박인태
발행인 서정환
펴낸곳 신아출판사

주소 전북 전주시 완산구 공북 1길 16(태평동 251-30)
전화 (063) 275-4000 · 0484 · 6374
팩스 (063) 274-3131
이메일 shina2347@naver.com sina321@hanmail.net
출판등록 제465-1984-000004호
인쇄 · 제본 신아출판사

ISBN 979-11-5605-201-2 03810

값 12,000원

이 도서의 국립중앙도서관 출판시도서목록(CIP)은 서지정보유통지원시스템 홈페이지(http://seoji.nl.go.kr)와 국가자료공동목록시스템(http://www.nl.go.kr/kolisnet)에서 이용하실 수 있습니다.(CIP제어번호: 2015010762)

Printed in KOREA

징하게 좋은 사랑

박인태 제2시집

신아출판사

두 번째 시집을 내며

시작詩作을 하는 사람 중에 얼마나 자신이 쓴 작품에 대하여 만족하는지 모르겠다.

2008년에 처녀시집 《당신이라는 나》를 출간하고 최소한 두 번째 시집은 제법 괜찮은 작품이 될 줄 알았다.

현대 자유시라 하여도 더러는 운율과 기승전결이 있으며 간결하고 경쾌한 시어로 시인의 마음을 감추어 두어도 독자가 공감하는 그런 작품으로 시적 완성도를 높이고 싶었다.

혼자 공부한 서예 작품은 우선 겉으로 봐서는 대단해 보여도 원로 서예가의 눈에는 스승을 모시고 배운 글이 아닌 것을 금방 알아채듯 그렇게 쳇바퀴 속의 다람쥐는 큰 세상을 바라보면서도 자신의 굳어진 상상을 벗어나기 힘듦을 한탄한다.

허우적거려도 벗어나지 못한 고향과 어머니에 대한 유아기적인 감정에서 언제 벗어나 진정한 어른이 되려는지 중언부언 설명하고 있는 긴 시어들이 아직도 눈에 많이 거슬린다.

독자의 마음을 얻을 수 있는 시는 고사하고 우선 작가 본인의 맘에 드는 시라도 쓰고 싶은데 도저히 심중의 시상을 표현하는 데 한계를 느끼지만 다만 정직한 마음으로 최선을 다해 엮었으므로 그 평가는 기대하지 않으려 한다.

징하게
좋은 사람

차례

2부 낮달이 뜨는 여름

3부 가을비에 젖은 낙엽

4부 겨울의 하얀 거짓말

5부 제3의 계절

1부

빨래가 잘 마르는 봄

자유

집 앞 소나무 꼭대기
채 눈이 녹지 않은 양력 3월
아침부터 까치 두 마리가 분주하다
작년에 만들어 새끼 키운
둥지를 보수하는 중이다

내 뻔히 알고 있는데
누구한테 들킬까 둥지에 들 때
꽁지를 잔뜩 까닥거리며
이리저리 고개 돌려 눈치를 본다.
궁금하다. 그 집안이

아들 딸 공부시켜
직장 내보내니 비좁던 집안이
휑하니 썰렁하지 않을까
자고 난 이불도 그냥 그대로
샤워하고 벗어둔 속옷도 자유일 걸

자유

현관문만 안으로 잠가두면
나는 아담이다.
가끔 집사람도 이브가 된다.
거실에서 자고, 침실에서도 먹는다.
우리 까치둥지 치울까 말까.

겨울 강

늘 꿈을 꾼다.
이 생명 다하기 전
눈보다 희고, 장미보다 빨갛고
위스키보다 더 독한 사랑을 하리라

중년의 이 나이
불꽃 같은 사랑을 꿈꾸는 사람아
가엾은 영혼
꺼지기를 거부하는 지독한 불씨
화인이 되어 아물지 않네.

순결한 사랑이라 변명도 않으리.
뭇 사람의 비웃음도 두렵지 않아
네 입술의 향기를 느끼며
아무도 없는 곳에서 우리 눈을 맞추며
그대 품에 안기고 싶다.

아 사랑이여
부질없는 꿈이면 깨어나지 말아다오
건너지 못해 바라만 보는
살얼음 겨울 강

건너고 싶은 강

늘 강가에 서 있다
가끔 건너편 소녀가 손을 흔든다.

늘 보아 온 모습과 달리
오늘은 그녀가 돌을 던졌다.

훌 벗고 강을 건너리라
요새 더운 봄날 멱 좀 감은 것을

빨래가 잘 마르는 날

겨울이 아쉬운지
다 꺾인 기세의 허풍이 불고
봄은 이제 제철이라고
따가운 볕을 내린다.
모처럼 마당 장대 위를
빨랫줄이 타고 넘자
오색 빨래가 관능의 몸짓으로
느끼한 춤을 추기 시작한다.
바지 빨래가 줄을 타고 와서
치마 빨래를 와락 감고
옆집 빨래는 담을 넘다가
땅바닥에 주저앉았다.
그런저런 사연으로 빨랫대가
휘청거리는 사이
남은 겨울과 봄이 어울리는
빨래가 잘 마르는 날이다.

봄이 오는 흔적

겨울 창밖으로
미루나무 가지가 저리 흔들리는데
어찌 바람이 지나가지 않았겠습니까

잠 못 이루는 이 밤
내 심장이 이리 요동하는데
당신이 내 속에 머무르지 않았겠습니까

보이지 않은 바람이
가지를 흔들어 봄을 재촉하듯
따뜻한 그대의 눈빛 같은
사랑이 내 심장에 머물렀습니다.

가지를 만지시는 봄바람이여
따뜻한 감촉에 새움이 간지럼 탑니다.
아 다행입니다
잠든 사랑 깨워주신 내 안의 당신

생명의 씨앗 하나

가녀린 새싹 하나가 올라왔다
베란다 화분 마사토 메마른 토양
손가락 크기의 나리꽃 싹이다
작년에도 싹 하나가 돋아나서
생각 없이 물만 주었더니
웃자라 꽃도 피지 못하고 꺾인 그놈을 닮았다.
내가 뿌렸노라 자백한다.
몹쓸 사람, 뿌렸으면 정성을 다해야지
마누라의 핀잔이 무겁게 다가왔다.
기억에서 사라진 3년 전 봄날
검은 반점의 붉은 나리꽃
먼저 여문 씨앗 몇 개 훔쳐서
옥토가 아닌 베란다 화분 여기저기
귀찮게 뿌린 기억이 났다.
잊힌 기억 속 조그만 씨앗 한 톨이
뿌린 사실도 까맣게 잊은 필부에게
생명의 소중함을 깨우치라 함이다.

진달래 사랑

소시부터
내 사랑은 당신뿐
사랑한다 외칩니다.
부르다 울어버린
임 떠난 자리
애 간장 녹은
붉은 자국

귀먹은 두견이
눈먼 달래를 부릅니다.
이 산에
저 산에도
귀 익은 어둔한 목소리
눈 먼 산처녀
산을 헤매다
임 목소리 희미해지면
피멍 든 빨건 가슴
끝내 터져버리는
진달래 사랑

벚꽃

봄 신부의
눈부신 하양
드레스가 절정이다

정결한 순정이
바람에 날려
비 꽃으로 흩어지면
꽃잎 속 정사는
숨이 막힌다

아름다움도 버려야
미래를 얻는다 하나
취한 벌 나비는
아직 꿈속이네

쏟아져라
날려라 순결의 하양이여
꽃잎을 쫓는
광인이 되고 싶다

꽃비

꽃비는 비가 아니더라
희디흰 눈이더라.

벚꽃이
바람에 떨어진
신작로는 하얀 은세계

두 팔 벌린
머리 어깨 위 펄펄
내리는 꽃비가 좋더라

또 좋은 것은
함께 걷는 여자가
꽃처럼 웃어 더 좋더라

아까시꽃

아 좋다
하아 좋다
숨이 막히는
꽃향기
봄의 흔적이다
바람은
어둠이 내린
앞산 언저리서
향이 진한
다디단 껌 종이를
벗기나 보다
아 좋다
아까시가
그냥 하얀
밤이 좋다

자목련

하 많은 여인 중에
자색 한복이 아름다운
고귀한 당신
여섯 폭 치마가
봄바람에 펄럭이네요.
연붉은 속치마
언뜻언뜻 드러날 때
무심코 향한 눈길이
민망하여 어이합니까
까만 밤 마실 나온
달님의 자태인 양
부스럭 겹치마 스칠 때
봄 향기에 애만 탑니다.
사모합니다.
임 가슴속 감춰 놓으신
그 독한 아픔까지

노란 까치집

미련한 까치 부부가
늦은 4월에
소나무 가지에 집을 지었다
막 새끼가 부화했을 때
송화 송이도 곱게 부풀었다.
수컷이 버러지 하나 물고 와서
가지에 풀썩 내려앉았다.
놀란 송홧가루가 으앙 터졌다
암컷이 꼬리를 치켜들고
까만 날개깃을 펴 둥지를 덮었다
어린 새끼 새가 에취
합창으로 재채기했다
놀란 둥지에서
노란 까치가 까악 깍 난리다.

수선화

겨울에 태어나 덜 녹은 흰 눈 사이
길게 목을 내민 노란 꽃
때론 추워 보이는데
오히려 봄이 당신을 사모하여 기다립니다.
그대 성품은 맑음과 닮았기에
서 있는 곳이 맑은 샘물 옆일까 염려합니다.
가끔 스스로 외롭다 느끼며
거울 앞에 자주 앉지 마십시오.
그대는 자신의 아름다움에 취하면 안 됩니다
최면처럼 조금 잘생긴 소년이라 여기십시오.
당신 곁을 맴돌다 듣는 말만 되풀이하고 있는
수많은 메아리를 떠올려 보십시오.
노란 셔츠 초록 바지를 입은 모습이
아주 잘 어울리는 강한 겨울 꽃이십니다.
부디 자신을 드러내려 애쓰다 목이 타
맑은 샘가로 달려가는 우를 조심하고
늘 새벽이슬로 조금씩 목을 축이는
겨울을 이긴 고결한 봄꽃이 되십시오.

취암산 시비림

취암산 자락
고운 뜻 펴시는 곳
임의 발길 그리다가
가시 울타리 탱자나무는
금빛 향기 고운 열매
수풀 속에 감추었다

산을 사랑한
어느 임의 흔적
취암산 아 취암산
돌비에 새긴 뜻이
잡초 우거진들 가려질까

스산한 갈바람이
가지 끝 홍시를 흔들어도
다디단 임의 숨결 못 잊어
떠나지 못한 가을새
봄 이야기 조잘댑니다.

백 년을 못 사는 시인이
천 년의 시로 새긴
시비림 사이
넘어진 석탑 하나
임이 다시 세우시라

떨어진 꽃이라도 밟지 마세요

떨어진 꽃이라도 밟지 마세요.
당신은 무심히 지나가지만
고운 자태 여전한 꽃이랍니다.

꽃잎이 바람에 날려 황홀한가요
고깔 아래 젖은 얼굴 감춘
무녀의 넋풀이 춤이랍니다.

떨어진 꽃이라도 밟지 마세요.
두고 보아도 서러운 꽃이랍니다

오솔길(삼행시)

오래전 그대와 헤어진 길가, 그루터기에 앉아
솔직히 돌아오리란 기약 없어도, 너는 습관처럼
길을 돌아, 같이 걷던 제자리로 오지 않을까

의어의 꿈

먼 바다 유랑의 시간을 끝내려
갈대 우거진 어미의 강 냄새를 좇아
태토로 회귀하는 본능
칼 같은 그 성질 누울 수 없다
서서 산란하는 의어는
그물에 걸려 죽지 않는다.
예전에 그랬던 것처럼 무릎을 꿇고 버둥대느니
차라리 서서 스스로 죽고 말리라
먼 옛날 패망한 조국을 떠나는 백제왕
저 무도한 당 도적 무리의 뱃길을 막으며
의어는 은빛 칼날이 무디어질 때까지
사랑했던 임을 위한 마지막 충성으로
몸 바쳐 의로운 희생을 하였다지.

이제 떠나거라 깊고 차가운 해연으로
본능의 유전자가 돌아가라 재촉하면
어쩌면 내년 봄 오월
금강 하류 웅포대교 아래서 너를 찾으마
혹시 힘이 부쳐 올라오지 못하였거든
목포 영상강 하류나 김포나루 한강 하류에서
빳빳하게 서서 죽은 부여의 물고기를 보게 되겠지
잊지 마시라 우어라고 해도 좋고
웅어라고 부를지 모르네.
어떻게 부르든 백제의 우여인 것을 기억하고
의어를 위한 축제를 열어주소.

꿈길

잠을 청합니다.
피곤도 하지만
이제는 버릇이 되어버린
비슷한 느낌의 잠이 찾아옵니다.
꿈속
그립던 임 오시어
웃으며 맞으려 했더니
깨어버린 아쉬운 꿈길입니다

다시 자렵니다.
도중에 끝나지 말고
이어지는 꿈길을 고대하며
단장하고 눈을 감습니다

꿈속의 사랑

그대 촉촉한 손길은 나를 잠들게 하고
향기 묻은 그대 머릿결은
나를 꿈속으로 인도하지
자다가 방긋방긋 웃는 갓난아이처럼
자다가 실룩실룩 눈물짓는 어린아이처럼
나는 그대와의 사랑에 꿈 가는 줄 모른다.
꿈이면 깨지 말자
꿈이 꿈속 같고 꿈길이 꿈만 같네.
아 이대로 그대 품에 안기어
긴 잠으로 달려가련다.
내일 눈을 뜨면 지금 이대로
그윽한 눈길로 내려다보는
그대 얼굴 뵙기 원해요.
꿈이여 늘 꾸던 낯익은
그 장면이 다시 이어지는
그래 정말 꿈속 같은 꿈이로다.
내 소중한 꿈속의 사랑.

별들의 사랑 이야기

태양은 항상 너무 뜨거워서 탈이다.
주위를 맴도는 행성은 그 따뜻함을 그리워한다.
수, 금, 지, 화, 목
토, 천, 해, 명.
사랑의 전령 헤르메스는 항상 바쁘게
아름다운 비너스의 사랑을 전했지만
이미 태양은 제 자식을 대지에 잉태시켰다.
질투로 눈이 붉게 먼 아레스여
모든 것을 주시하는 제우스의 위로를 받으라.
사랑은 사투른이 묵묵히 일구는 농토와 같은 거.
하늘의 신 우라누스는 늘 그렇게 말했지.
바다가 늘 푸르거나 잔잔하지 않는 것처럼.
한때는 태양을 사모하였으나
사랑받지 못해 토라져 떠난 플루토도 서럽단다.
그래서 태양은 밉다.

우주 안에 작은 우주
지구도 태양을 닮고 싶어 안달하지만
자신과 짝을 맺은 달, 그 하나만이 허용된다.
이것이 천형 같은 우주의 법이다.
가끔 불나비처럼 뛰어드는 혜성과 만날 때도 있다.
스스로를 불태워 녹아 없어지거나
그 사랑이 자신과 이 땅에 깊은 상처만 남길 뿐.
긴 꼬리의 흔적만 잠시, 결국 잊어야 하는 것을
아름다운 혜성이여!
그댈 만나 사랑은 움직이는 것임을 배웠습니다.
다만 태양을 맴도는 공전이 다른 행성처럼
이따금 조우해도 좋았을 거라 후회하는 것은
떠나갈 당신과 나의 운명 때문입니다.

※ 태양계 행성 이름 유래: 수성Hermes, 금성Venus, 화성Ares, 목성Jupiter,
토성Saturn, 천왕성(우라누스), 해왕성Neptune,
명왕성Pluto.

2부

낮달이 뜨는 여름

도시의 달

네온 불 숲을 헤매다
다행히 제자리로 들어왔다
도시의 넓은 도로엔
여전히 오색 도깨비불이
점에서 선으로 이어지고 있다.

베란다 창문을 젖히자
밤바람이 휘익 들어오며
취한 얼굴을 씻고 지나간다.
그래, 방금 저곳에 있었지
사내가 턱을 괴자
낯선 밤이 보였다

백동전 같은
온전한 도시의 달이
잠들지 못하는
붉은 눈과 마주친다.
며칠이지
음력 오월 십오 일
보름달이구나!

오늘이
세상의 끝도 아닌데
이 밤을 흘려보냈다면
달을 보지 못했을지 몰라
무엇이 바빠 하늘을
바라보지 못하고 살았을까

낮달이 뜨는 날

서산 너머로
하루 일을 마친 피곤한 태양이
붉은 포단을 깔고
드러누우려나
그리 말하지 마오.

동산 위
청청한 하늘 중턱
하이얀 낮달이 가쁜 숨을 몰아쉽니다.
밤을 준비한다.
짐작하지 마오.

서로를 미워할 거라
그리 말하지 마오.
해님은 달을 찾아
서산을 기웃거리고
달님은 해님을 쫓아
동산을 넘어온다네.

한 달에 몇 번
소곤이 이야기하려
달리다 하얀 숨 막힐 때
가던 길 잠시 돌아서
애간장 녹아지는
사랑의 눈짓을 하는 것.

우리 누이

누이야
아궁이에 불을 지피다 말고
왜 그리 울고 있노
연기가 매워서 그러네

오늘은 불도 잘 드는데
너무 뜨거워서 그러네
솥에서 밥 익는 냄새 좋은데
그만 불 빼지 그러시나
밖에 재미나게 노는
동무들이 미워서 그런다

누이야
기왕에 서운하고 어려워도
우느니 노래를 해보시게
부지깽이 토닥토닥하면서

사립 밖 저 총각
고운 누이 맘 다 알 거야
서운하다 눈물 훔치지 말고
휭하니 달려나가
편지 한 장 전하고 오시게.

양파

궁금합니다.
내 속살을
보고 싶다
노란 겉옷이
끝이냐고
글쎄요,
벗기다 보면
더 하얀 살이 있지.

언제까지
벗겨야 되느냐
글쎄요.
당신이
원하는 만큼
중간에 그만두면
왠지 호기심이
남는다
그럼 더 벗겨보세요

남은 것이 없다
원래 다 벗기면
처음에 지닌
호기심마저
사라져 버리는 것
그런데
당신은 우시고
눈물만 남았네요.

함정거미

늘
허기에 시달리는
끝없는
굶주림과 환영
죽은 듯
무덤을 덮어쓴
함정 속

순간
주름진 거죽을 열고
덥석
죽음과 바꾸는 지독한 맛
쓰면 곧 뱉어내고
어둠 속에 숨는
허기진 본능

가시나무

탱자나무는
고운 열매를 가시 속에 감추고
넝쿨 장미는
고운 꽃 사이에 가시를 품었다

짙은 향내는
가까이 오라는 유혹
섬뜩한 가시는 조심하라는 엄포
으하하
가시를 품은 아름다움의 숙제

퍽 좋겠다.
혼자 그렇게 뽐내며 살다
너는 외로워 죽어봐라
나는 그리다가 죽을란다.

산

산에 들고 싶다
어릴 땐 배고파 찾아갔다.
나이 들며 친구 따라 오르곤 했다.
비로소 산 타는 재미 좀 알고 나니
그 산 넘어 또 산이 많았다.
눈앞에 삼삼히 그려지는
높고 둥근 아름다운 산봉우리들
담 너머 멀리 있어 포기하고 지냈는데
요새 그 산이 궁금해서 미치겠다.
산이 손짓한다. 착각일까
다리 멀쩡할 때
조심해서 움직여 보려는데
지랄 같은 친구 놈
야 임마
등산지팡이는 멀쩡한 겨

가루받이

배꽃은 자웅이 동체지만
자가 가루받이는 엄격히 배제된다.
가족이니까.
암술 주위를 무수한 꽃가루가 유혹하나
가장 유리한 유전인자를 갖춘
자신과 닮지 않은 개체만 선택한다.

꽃가루는
서로 우수한 종자라 조잘대지만
자석 같은 암술에 순식간 빨려든다
마법의 끈적끈적한 애액에 취해
자신이 녹는 줄 모르고 사랑이라 생각한다.

동거하며 수분도 못하는 꽃가루는
관심에서 멀어져 정처 없는 길을 떠난다.
바람 가득한 풍선처럼,
부단히 새로운 꽃을 탐하며 헤매지만
씨 맺지 못하는 허망한 영혼처럼.

소고기 잘못 먹은 날

모처럼 소괴기 묵고
나도 부자 된 것 같소
괴기는 씹어야 맛인디
부실한 이빨 새가
지랄같이 찝찝하오.

쑤시개로 후비니
삭은 어금니 귀퉁이가
톡 하고 허망하게 깨지요.
강한 놈이 부러지니
썩은 내만 남네요.

아무리 후벼도
완전 기분 좋은 일도 있지
강한 것은 으스러지고
말랑한 곳은 멀쩡하오.
요상한 일이지라

미선나무를 찾아서

당신은
세상에 하나뿐인 유일한 존재입니다
봄을 알리는 무수히 많은 전령 중에
슬픔을 사라지게 하는 유일한 존재

어제
길을 걷다 당신의 환영을 보았습니다.
이름조차 거의 잊힌 그녀의 기억이
미선을 흔들고 서 있는 모습과 겹쳐
정신없이 달려가 손을 잡고 향을 맡았습니다.

한 번도 직접 보지 못한 그대지만
어쩌면 향취는 금방 알 것 같았지요
아니었습니다.
아담한 모습과 달리 살구향이 났습니다.
속은 자신이 부끄러워 눈물이 핑 돕니다.

언젠가
꼭 당신을 만나 오늘의 서러움을 면하고
내 모든 슬픔이 사라지는 날
그대의 꽃 그늘에 묻혀 고운 부채를 흔들며
어울려 새로운 봄을 맞으렵니다.

술주정

홍등이 흔들리던
흐릿한 기억 저편
언어도
행동도
엉키고 비틀거렸나 보다

타는 목마름
한여름 밤의 한속
어이해 거실 맨 바닥에
옷을 입은 채 잠을 잤을까
용케도 찾아왔네

닫힌 안방 문
두드려 보지만 마눌님은
기척도 없고
또 뭐라 헛소리를 했을까
많이 토라졌네
아 머리 아프다

무화과

어미는 너를 위해
고운 꽃은 숨겨 놓았지
젖꼭지가 터지는 날
그렇게 감추었던
시뻘건 꽃을 보게 될 거야
덜 익은 꼭지는
유즙을 뚝뚝 흘리며 울지
이제 사랑이 익어
갓난쟁이 너를 안고
힘차게 어미젖을 빨릴 때
엄마는 여자가 아니라
사랑이 시들지 않는
신의 다른 모습이란다
꽃이 없다 탓하지 마라
열매를 위해 꽃은 포기했다
어미라서 그래

상술

잠깐 스치는 듯
반을 보여 주시네요
식탁에 앉자마자
당신은 소리 없이 다가와
고개 숙여 생긋 웃으며
반을 보여주십니다.
마주보기 민망하신지
왼손을 얹어 살짝 가립니다.
그냥 안 보는 척
미소처럼 방긋
하얀 반쪽이 인사를 합니다.

밥은 먹는 둥
당신을 큰 소리로 부릅니다.
여기요 내 마음을 아시는 듯
살며시 고개 숙여
감춰진 속을 열어 보입니다.
급하게 드시다 체하실까 봐
정화수에 버들잎 띄우듯
조금만 보여주신 거잖아요.

한 수저 들고
앞에 앉은 친구 이름 부르며
또 한 번 눈이 갑니다.
일부러 보여주시는 것을
나만 당신의 반을 보는 것처럼
다시 찾을 이유를 남깁니다.

미루나무 이파리

미루나무 이파리들은
바람 소리를 보여주지
휘익 지나가며
키 큰 나무들이 휘청할 때
아직 따뜻한
계란을 닮은 넓은 이파리들
바람을 맞아 춤을 춘다
반짝반짝 하르르

바람은 이리저리로
작은 손바닥을 간질이고
굽히기 싫어하는
아름다운 버드나무는
아주 작은 움직임으로
푸름이 통하는
따뜻한 하늘을 열어 보인다.

바람이 지나가는 자리
솜털 손바닥이 뱅그르 까불
땅에 붙은 키 작은 친구에게
따스한 햇살을 나누어 주거든
너무 높아
그 조잘대는 소리 들리지 않아도
아마 까르륵까르륵
아기 웃는 그런 소리일 거야

호랑이 등을 탄 곶감이 된 도둑

나의 고향은
본래 조용한 산동네
보이는 것은 온통 산이라서
가끔 다람쥐와 산새 몇 마리
저물녘 길 숲을 지나는 비암의 흔들림
까만 밤엔 소름 돋는 바람 소리
먹고 싶은 것은
밥 말고 보리쌀 독에 묻어둔 곶감 몇 개
가끔 단것이 먹고 싶은 막연한 바람
욕심이라야 그 정도가 전부라서
불행이 무언지 몰랐다.

나중에 대처로 나가면서
조금씩 욕심이 자라기 시작했다.
단것이 곶감만은 아니라는 것을 알았다.
제일 좋은 탈것이 황소 등도 아니고
자전거도 자동차도 아니고
더 빠른 비행기라는 것을.
본능이 가르쳐주는 대로
더 단것을 찾아 헤매는 동안
황홀한 신기루만 눈앞에 그렸다.
그래 도둑질만 빼고 열심히 달리는 거야
처음 마음은 그랬는데
서서히 도둑을 닮아가고 있었나 보다.

그 후로
산골 집은 마음에서 잊혀갔다
질주하는 무리에서 뒤처지지 않기 위해
더 빠른 속도를 갈구했다.
어느 날 정신을 차리고 고개 들었을 때
깜짝 놀랐다.
내가 호랑이 등을 타고 있다.
내리자니 이놈의 먹이가 될 것 같고
달리자니 그 끝없는 두려움에
짐승의 목덜미를 더욱 움켜쥔다.

천년의 사랑

살다
살다가 보면
사랑이라는 말이 낯설답니다.
당연한 것을
새삼스레 그러시면
늘 내게 주신 것이 사랑인 것을

당신이
나 아프다 버리지 않으시는데
하물며 제가 당신일 수 없지요
같이 살아온 날도 행복했지만
그날 말고 천년인들 다르겠나요

얼음 생각

요즘
너무 더워
얼음을 생각했다
물도 좋지만
얼음이 더 시원하다
본디 같은데
다르다.

시원함을 주고
녹아 다시 물로
돌아가는 얼음
그 부피가
조금 늘었다 줄었다
물과 얼음이
다른 모습이다.

더 시원하려고
북극을 그려 본다
빙산이 녹아도
바닷물의 높이는
크게 달라지지 않으나
그 작은 변화에
지구는 울고 웃는다는
얼음 생각.
아 시원해

천 년 묵은 여우(이야기 시)

호롱불 아래
동네 조무래기들 턱을 괴고
울 할머니 옛날이야기 듣고 있다.
옛날 옛적
화목한 가정에
이상한 일이 벌어졌단다.

처음에 닭
다음엔 개 염소
나중에는 황소가 죽어갔지
모두 간을 빼 먹힌 채로

오라비가 야밤에 외양간을 지키는데
아 사랑하는 누이가 천 년 묵은 여우
두려움에 도인을 찾아갔더란다.
노랑, 파랑, 빨강 주머니
빨강은 마지막에 사용하라

집에 돌아오니
부모님도 어느새 돌아가셨다지
오라비는 곧바로 집에서 도망을 한다
이를 눈치챈 누이가
“오라버니 같이 가요.”
점점 가까이 쫓아 오더란다.

파란 주머니다
누이는 새파란 강물을 힘들게 건너오며
“오라버니 구해주세요.”

노란 주머니다
맨발이 가시밭에 찔리며 눈물을 흘리더란다.
“오라버니 너무 아파요.”

천지신명이여
오라비는 마지막을 망설이다
빨강 주머니를 던지고 말았지
“오라버니 미워요.”
목 놓아 울던 어여쁜 누이는
시뻘건 불꽃으로 승천하더라네.

이상한 생일

내 생일은
음력 6월 28일
옆집 막둥이 생일은
6월 29일
앞집 칠월이 생일이
7월 1일이다.
동네 친구들 생일이
비슷하다.
음력 유월 하순에서 칠월 초가
다섯이나 된다.
이상한 생일이다.
오십여 년 전
우리 친구들 부모님은
칠산 바다로 조기잡이 떠난
같은 투망배 동사
음력 사월 초 출항하여
유월 하순에 함께 돌아왔단다.
그래서 친구들은
조기를 매우 좋아하나 보다
유월이도 칠월이도

덩달아
사월이도 그러더라.

※ 동사는 같은 배에 종사하는 어부

고임 소나무

이백 년 송화댁 마당
설화산 맑은 물에
두 손을 씻고 사랑의 전설 배인
굄 솔을 안아 보라

솔바람 속삭임이
아픈 사랑을 이야기하고
앉은뱅이 곰보의 굵은
눈물은 계류를 적시었다.

천 년을 못 기다리랴
고임솔 가지 서로 붙어
연리지가 될 터인데
못 이룰 사랑 그 무엔가

조급한 맘으로 누가 세웠나
민망한 음양석은 누워도 좋으련만
옛 임 마음으로 툇마루에 앉으니
절로 손 모아 사랑을 기원한다

※ 아산 외암마을 고임솔(전규태 시인 명명)

3부

가을비에 젖은 낙엽

불독(石)

사람이 소 여물을 먹어도
금방 죽지는 않는다.
위가 넷인 소는 먹다 뱉었다
겨우 소화하는데
울 할매는 늘 배가 아프다
가슴 복장이 쓰리다고 했다.
자식들 못 먹인 일 자책하며
가슴 친 울화통인 줄 알았지

주무실 땐 아궁이에 달궈낸
불독(石)을 꺼내 가슴에 안고 잤다.
잘 먹여 볼록한 손주 놈 배를 쓰다듬으며
소화 잘되라 이불을 덮어 주셨다.
그러던 어느 겨울밤
할머니는 불독을 안은 채
잠에서 깨어나지 못했다.
누운 자리에
염소가 똥을 싸고 갔다고 한다.

검은 나비

할머니와 아버지 산소
예초를 끝내고
사형제가 술잔을 올리는 중이었다.

그때
검은 나비 한 마리가
훨훨 어디선가 나타나서
삼형제의 어깨에 앉았다 날아가고
우리 주위를 맴돌고 있었다.

그러자
둘째 동생이 나비를 향해
"내 어깨에도 앉아 주십시오."
라고 기원했다

검은 나비가
둘째 동생의 어깨에
사뿐히 날아와 앉았다
우리 사형제는
하하하 함께 크게 웃었다

열 손가락

한 부모로부터
제각기 다른 모양과 특징으로
태어난 형제의 모습은 손가락 같습니다.
울 어머니는 백 번도 더 같은 이야기를
늘 이렇게 말씀하십니다.
열 손가락 깨물어 안 아픈 게 없단다.

손가락도
나름대로 불평하는 것 아세요
엄지가 제일이라 자랑하는 것은
살며시 주먹 쥘 때의 신비 때문입니다.
편 손가락은 길이가 제각각이더니
주먹을 거머쥐니 모두 똑같아집니다.

비로소 백 배의 힘을 만든답니다.
만약 손가락 길이가 다 같았으면
아무 일을 못하는 손이 되었을 겁니다.
엄지, 검지, 중지, 무명지
약지는 막내라서 가끔 불평을 하지만
정작 넷째 손가락은 아직 무명이라 합니다.

울 어머니
너무 급하면 무명지만 깨무십니다.
귀한 열 손가락 다 깨물 까닭이 없지요.
손바닥을 가만히 오므려 보세요
동그란 모양의 그릇이 됩니다
그 신비한 바가지에
서로 사랑을 가득 채우라 하십니다.

아버지의 회초리

일천구백칠십일 년
국민학교 5학년 초겨울 무렵
하굣길 인적 드문 양지 산소에 숨어
옆집 친구와 일만 원 지폐 다발을 풀어
백 원짜리 수를 세었다.
하나둘……. 아흔아홉 백.
백 하나
백 원짜리 한 장이 남았다.
심장이 두근대고 숨이 가빠왔다.
다시
친구와 번갈아 여러 번 수를 세어도
큰돈 백 원 한 장이 분명히 남았다.
이런 것을 횡재라 하나 보다.
오던 길을 되돌아
이웃동네 점방으로 달려가서
십리사탕 한 봉지와 크림빵 두 개
껌 한 통을 사니 칠십 몇 원이 더 남았다.
휘파람을 불며 집에 돌아와
아버지께 신문지에 싼 돈 뭉치를 전달했다.
심부름 잘했다는 칭찬과 용돈을 기대하며

속으론 아버지의 용돈은 오늘의 횡재와
비교도 안 되는 푼돈이겠지.
돈다발에 퉤퉤 침을 발라가며
몇 번을 세시던 아버지께서
책가방을 가져 오라 하셨다.
가방을 거꾸로 흔들자
동전이 쏟아지고
숨겨놓은 십 원짜리 지폐가
팔랑팔랑 놀리듯 얄밉게 기어 나왔다.
그 후 목침에 올라 팔짝팔짝 뛰며
생전 처음 아버지의 회초리를 맞았다.
후로 그 회초리를 늘 기억하고 살았다

꿈에 본 아버지

어젯밤 꿈속에서 아버님이
울 엄니랑 나란히 앉아계셨다
평시에 못한 거창한 인사를 올렸다
아버님
기체후일향만강하옵시고
아버님이
어머니를 바라보며 눈을 끔뻑하셨다
어머님도 안녕하신지요
오랜만에 뵈옵니다.
생시에 엄니와 다정하지 않아 보였는데
어머님이 보고 싶으신가
내가 보고 싶으실까
쑥스럽게 머리 긁다 그만 잠이 깼네.
아부지.

징하게 좋은 사랑

엄메
어짠가
아들내미 맛난 거 사옹께
어짜냐고 야
좋아부러

엄메
쩌어 밖에 허벌라게 눈 오는디
울 아배
바다로 괴기 잡이 가서 못 올 때
마중 가서 울던 날 안 같어

엄메
울 아배가 그렇게 좋던감
빼얼써 흙 되었것다
좋았제
징하게 좋았어야

풍장 소리

아배는
칠산 바다로 돈 실러 갔다
배에 투망 그물을 실으며
"칠산 바다로 돈 실러 가자."
동사들과 풍장굿을 하였다

오색 깃발 날리며
돈 실러 떠나갈 적
"아부지 돈 많이 벌어 오랑께."
속으로 그렇게 기도했다

돈이란 것은 하필
그 험한 칠산 바다 두둥실 떠다니나
바다 가운데 섬 가파른 벼랑에
매달려 팔랑팔랑 유혹하나

그렇게 힘들면
오제 그냥 오제, 보리밥 묵고 같이 살지
머 한다고 아직까지 안 오신다요
남들은 벌써 돌아왔는디

누구 울 아배 못 보았소
황조기 우우 울던 그 밤에
돈 가득 싣고 돌아가더라고
풍랑 속 너무 실어 풀등에 누웠더라고

누구도 제대로 알려주지 않아
울 어매는 섬 끝 너머서
오늘도 혼자 질펀히 앉아
중얼중얼 "느가배 온가 봐라."

※ 아배: 아부지(父),
느가배: 느그 아배
풀등: 바다 가운데 모래톱

윤회

마주보고 웃었는데
잠시 후
옳다 그르다
화를 내는 너와 나

그건 내가 아니다
너도 니가 아니겠지
윤회의 다른 우리

아마 나는
전생에 너를 향해
죄를 많이 지었나 보다

희로가
순식간에 변하는
당신과 나
큰 윤회의
안쓰러운 두 수레바퀴

버릴 수도
버려지지도 못하며
어느새 여기까지 왔나
윤회의 바퀴 둘
힘겨운 동행.

산구화(山菊) 여인

꽃과 여자
어느 쪽이 더 고울까
가을 노란 꽃잎 따는 여인

아름다운 것은
멀리 보라고 하더니
찾아오니 국향만 그윽하네

술래잡이 하는가
벌써 이 산을 성큼 뛰었지
금빛 꽃물 묻어 질투로 남네

아름다운 병실풍경

귀여운 우리 아기
흰 머리카락이 왜 이리 많지

병실 보조의자에 앉은
50대 아들 머리를 만지는
병상의 90대 노모
귀도 먹고 눈도 어두울 텐데
백발의 어머니가
아들의 흰 머리카락을 뽑아주고 있다.
노인의 가슴에 머리를 묻고
다소곳이 어머니의 손길을 받는
아들과 노모의 모습
이보다 아름다운 그림이
세상에 어디 있을까

흰머리가 보이세요

야가 우리 막내 아기여

피똥 대장염을 치료 중인
곤히 잠든 내 어머니를 돌아보며
주름진 손을 꼭 쥐어 드린다.

독집(돌무덤)

이른 봄
여린 주먹을 불끈 쥐고
동토를 헤쳐 나온 하이얀 손바닥
세상의 무엇을 잡으려 했나
솜털 고사리손은
찬바람에 바스스 꺾이고

서러운 영혼은
그 미완의 손가락은
청미래 덩굴 가시로 돋아나
길손 옷깃을 부여잡는다
날 벌써 잊으셨나요
따뜻한 손길 좀 주세요

애절한 손짓
차마 돌아볼 수 없고
무서워 발걸음 재촉하는
살아남은 어미는
먼저 간 무형의 너에게
항상 용서를 빈다
보내고 많이 울었단다

이슬 흥건히 젖은
음산한 돌무덤 가
힘겹게 디딘 발걸음이
후들거려 움직이질 못하고
놓아라 제발 놓아다오
술 취한 미친년은
밤새 중얼거린다

※ 독집(돌무덤) : 남해 섬지방의 어린애 무덤.

손전등 이야기

지금부터 약 사오십여 년 전
전라도 진도 바다 건너
상조도 섬 여미라는 동네의
호롱불 켜고 살던 시절 이야기다.

큰아들을 군대 보내려고
엄니는 밤새 잠을 설치고 일어나
훌쩍훌쩍 울며 새벽밥을 지어 먹여
꾸불꾸불한 산길을 따라
하루에 한 번 출항하는 여객선을
태우기 위해 컴컴한 산길을 다녀오는디
횃불을 켜고 다니던 시절
동네 이장이 귀한 손전등을 빌려주어
훤하게 밝히고 참 잘 다녀왔단다.

아들을 떠나보내고 돌아온 노모가
마음도 서럽고 애가 타지만
당장 더 큰 문제가 생겼다.
요놈의 횃불을 어떻게 꺼야 되나.
입이 터져라 후우 불어도
답답해서 이불 속에 넣어도 안 꺼지고
이대로 놔두면 불이 날 것 같아
빈 항아리에 넣어두고 밭에 나갔다가
저녁에 돌아와 뚜껑을 열어보니
불은 아직도 타고 있더라네

옳다구나! 불은 물로 꺼야지
양동이 찬물 한바가지를 펴 부어도
횃불은 그대로 꼼짝하지 않았다.

오메 미치것네 또 한밤 보내고
이튿날 새벽 마을이장을 찾아갔다.
젊은 이장 젊은 이장
이만저만 고민을 털어 놓으니
이장이 웃으며 손가락으로
톡! 하니
그 횃불이 꺼지더란다.
이장! 참으로 재주가 좋구려

※ 돌아가신 아부지가 들려주시던 옛 이야기.

이따 와

어허 잘 묵었다.
한 시골 노인 양반이
이웃동네 혼사집에 다녀오는 길
모처럼 거하게 약주도 한잔하고
기름진 음식도 배부르게 드신지라
십여 리 산길 걸어오시다가
갑자기 설사가 났네.
급한 김에 길가에서 볼일을 보는데
끄응
길 저쪽에 동네 아낙이 오는구나
도포자락으로 궁딩이를 감추고는
손을 휘저으며
이따 와
동네 아낙은 양반이 빨리 오라
손짓하는 줄 짐작하고 달려오니
시골 양반은 오리걸음으로
길옆 풀 속으로 도망가며
이따 와 이따 와
설사 났어!
이따 와

인생

어릴 적 기억에
여름 낮 동네 큰 나무 그늘에
노인분들이 모여 정담을 나누시고 계셨다
대부분 흰색 바지저고리 차림으로
기다란 곰방대를 입에 물고
뻐끔뻐끔
구부정한 모습과 때 묻은 옷차림
옆을 지나가면 역한 냄새가 났다
몸에 배인 찌든 담배 냄새와
구별하기 힘든 고린내가 싫었다.
코를 막고 살금살금 지나가다
에끼 놈
어른들 계시는데 인사를 해야지
까까 머리통에 톡
곰방대 놋쇠 뭉치가 작렬했다.
나이 들어 생각해 본다.
그 노인네 연세가 몇이셨을까
수염 기르고 머리에 건을 쓰셨지만
고작 사십대 후반에서 오십대 중반쯤
지금 내 나이와 비슷할 것 같다.

나처럼 마음은 항상 청춘이었으리
아들과 딸이 자라 곧 손자를 보게 되었는데
난 아직도 철없는 남자일 뿐
출근길 엘리베이터를 타면서
무심코 벽에 걸린 거울을 보았다.
세수하고 로션도 바르고 나왔는데
검댕이 하나가 얼굴에 붙어있다
얼른 침을 묻혀서 닦아 보니
닦이지 않았다
검버섯이다.
나이가 들면 얼굴에 그 사람의
인생이 그려져 있다 하는데
힐끗힐끗 훔쳐보는 내 얼굴엔
언제 후회 없는 인생이 그려지나.

무꾸리

젊어서는
세상이 조금 만만하더니
요새 하는 일은
깜깜한 밤길 같네.

50 고개
이제 인생 고락 조금 알까
3년 고개는
잘 넘어야 한다는 의미

그 고개
한숨에 무릎만 아프구나.
무꾸리를 하여
액막이굿이라도 한판 해볼까

아침 이슬과 낙엽

낙엽 바스러지는
가을 익어가는 담배 냄새, 소리
새벽 산보 길
햇살 사이 이슬 젖은 낙엽의 간지럼

아파트 마당
뒹구는 잎사귀엔 이슬이 안 보입니다
갸우뚱, 무슨 사연 있을까요
공평한 신의 선물을 누가 훔친 겁니다

눈을 들어 보세요
도시의 시멘트 숲은 이슬이 없답니다
오세요 산보 길 아침 보석 보시려거든
금빛 햇실에 사라지기 전에

낙엽 단상

따그르르
차가운 보도블록 바닥을
요란스럽게 굴러가는
무수한 저 가여운 존재들

가을을 침공하는
겨울나라 선봉 철기부대의
병장기 부딪치는 소리
검은 복면의 불청객들

겁내지 마라
가을 장수의 단발마적 외침
그래 또 겨울 너희냐
싸우라 무찔러라

성곽 수비 병사의
용맹한 응전태세와 상관없이
신종무기를 앞세운 침탈자는
처벅처벅 군화 발소리를 높인다.

새빨갛게 놀란 단풍
우수수 무너져버린 오동잎
노랗게 질려버린 은행잎
믿었던 소나무도 힘없이 잎을 지면

아 가을이여
너의 운명은 정녕 짓밟히기 위한
아름다움인가
널 보내며 별리의 시를 쓴다.

젖은 낙엽

세월이 떨어집니다
화려했던 단풍잎
초라하게 마른 이파리
모두 떨어진다
늦가을 비라도 내리고 나면
이제 마당이 지저분하다고 합니다

빗자루가 스치는 것도
낙엽을 태워 재가 되는 것도
매서운 바람에 날리는 것도
싫어하는 몸짓에 당신은 힘들고
이제 투덜대도 참으렵니다.

얼마 전, 아주 곱다
여름, 그늘이 시원해서 좋다
지난봄, 신비한 생명의 기운이다
과한 칭찬을 받았으니
잠깐 가을을 붙들고 칭얼대다
때가 되면 스스로 사라지겠죠.
가엾은 시제처럼.

은행잎

은행잎 떨어지는
휑한 도시의 바람 속을
가르마 머리 소녀 같은
중년 여인이 홀로 길을 건네요.

마주 보아도
손은 잡을 수 없어
그래서 숲이 되지 못하고 혼자인
외로운 가을 은행잎 같은

노란 당신
마냥 따라가야 하나요
언제 걸음 멈추고 돌아 보시려오
외로이 은행잎만 내리옵니다.

오서산

친구가 속삭였다
정상은 너무 아름답고
오르기도 힘들지 않고
중턱부터 가는 방법을
알려 주마
나중에 알았습니다.
산은 그렇게 오르는 것이 아니란 것을
처음부터 산은
매우 가파르고 험해 보였다
그래! 올라가다 힘이 부치면
살며시 내려오자
미끄러지고 숨이 차고
어지럼증과 땀으로 범벅일 때
"이제 얼마 남지 않았어요."
속보이는 위로의 말을 들으면서
이제껏 올라온 것이 아까워
묵묵히 땅만 보고 오르다 보니
남보다는 많이 늦었지만
산은 정상을 허락해 주었다.
서해를 지키는 등대 같은 산

정상에 널린 하얀 억새의 물결
사방을 둘러보며
옛 사람들이 하늘을 알기 위해
산을 올랐을까
하늘을 향해 두 팔을 벌리고
야호
아름다운 오서산이여 고맙다.

※ 오서산: 충남 홍성 소재(해발 790m)

고추잠자리

빨갛게 치장한 암컷이
하늘을 낮게 날며 수컷을 유인한다.
삼만 개의 홑눈을 품은 헬멧 같은 겹눈
360도를 주시하다가 시속 60km 속도로
수컷이 덥석 달라붙었다.
술 취한 듯 모자이크로 보이는 그놈이
세상에서 제일 잘난 것으로 과장돼 보였다.
그것은 암컷이나 수컷이나 다 약점이다.
엉겨붙고 나서야 눈앞에 알짱거리는 놈이
어제 그놈인지 고개를 갸웃거린다.
교미 후 수컷의 꼬리는 암컷의 머리를 잡고
낮게 날며 암컷의 꼬리가 스치듯
수면을 탁탁 치는 경쾌한 산란을 꿈꿨다.
이미 어찔해진 눈은 반들반들하게 색칠한
자동차 보닛 같은 건물 옥상 바닥을
수면으로 착각하고 산란을 시도했던 미련퉁이다.
엊저녁 친구네서 자고 출근했노라 거짓 변명
고추잠자리가 살아있는 입을 꿰매버린다.
빨간 치마가 바람에 펄럭일 때
꼬고 앉은 다리 속살이 언뜻 드러났다.
그녀는 고추잠자리를 바라보다 말고
얼굴에 홍조가 돋고 입가에 묘한 미소를 흘린다.

고추잠자리는 어디로 갔을까

가을이네
뭘 찾는다 하늘 쳐다보나
아 글씨
울 아부지 어메 보고잡네.
아따
그 곱던 고추잠자리는
다 어디에 있을꼬

고추잠자리 말일세.
연못에 알을 낳고
암수가 죽을 때까지 보살폈다 그러드만.
근디 한두 주나 지났을까
알에서 깬 학배기가 너무 보고 싶다고
암컷이 물속에 뛰어들었다네.
날도 추운디 뭐가 좋아 안 나오나
수놈도 따라서 들어갔다는 거여
그 뒤로 둘 다 나오지 않았다지.
나중에 보니
학배기 놈들이 부쩍 살이 올라
물속에서 잘 살더라는 이야길세

※ 학배기: 잠자리애벌레

조도등대

냇물이 흘러
큰 바다 남해를 향하듯
우리는 물에서 태어나
대양을 꿈꾸며
끝없는 미지를 동경한다.
미지는 두려움이다
그 두려움의 소름 돋음이
잠시 머뭇거리게 하지만
뒤에 계신 부모님은
내가 원할 때
항상 손을 내미셨지

아버님은 늘
아가 어두운 밤을 밝히는
조도 등대 불빛을 보아라.
아부지가 고기잡이 나갈 때
돌아올 때 저 할아비를 본단다.
항상 길을 인도하지
밤엔 깜빡이는 큰 눈
안개 낀 날은 큰 호령으로
일백 년을 한결같이
하얀 미소 부동의 모습으로
장죽수도를 지켜보며
두려울 때 손 잡아준
구원의 빛이란다.

※ 진도군 조도면 소재 1909. 2. 건립.

가을비

살다보니
우산도 없이
길 떠나는 날도 있지
보슬보슬
내리는 비가
꼭 좋아서 맞을까 마는
걷다 보니
촉촉이 젖어 버렸어
우산이 없어도
기분 좋은 너의 길
문득 발걸음 멈추고
나는 왜 여기 서 있지
열리듯 닫힌 문에
시선이 머문다.

가을

당신의 모습은
바람 부는 언덕에 흔들리는
억새꽃을 닮았습니다.
아시나요
하늘을 나는 새가
저마다 앉고 싶은 가지를 향하는데
당신은 왜
서로 조금씩 떨어져 앉는 참새들처럼
곁에 있으면서 무심한 듯
먼 곳에 떨어져 계시나요.
혹여 추울까 싶어
긴 소매 옷 갈아입으면 좋으련
나 아닌 누굴 유혹하시려고
색이 고운 민소매를 고집하십니까
그렇게 내 속을 태우다
억새꽃 바람에 흩어지듯
그냥 훌훌 털고 가시겠지요

남겨진 가을

가을은 진정
아름다움이었나요
꼬리를 자르고 가는
도마뱀처럼
단풍을 버리고
매몰차게 떠나가는
가을이여
낙엽으로 남겨진 것이
너무 서러워
뒹구는 몸짓으로.
붉은 눈물 흘립니다.
거친 들에서 오는
찬바람이 무서워요
아름답게 살았노라
그리 말하지 마세요.
떠나는 것이 아픔이라
눈물짓지 마세요.
잊힐까 울부짖는
가을 낙엽도
기억해 주세요.

4부

겨울의 하얀 거짓말

첫눈

따스한
찻잔 속으로
첫눈이 내려와 앉는다.

남은 온기는
어느 임 흔적인가
이제 안녕
첫눈이 오셨단다.
내 허파에
겨울바람이 들어왔나
실실 웃음이 터진다.

기다림도 잊었는데
그리움이라니
첫눈 오는 날
누굴 만나게 될까

눈 오는 날

눈 오는 날은
속없이 들뜨고 즐겁다
몽근 체를 토닥토닥 흔들면
함지박에
하얀 떡가루 소복이 쌓이듯
백색에 갇힌 건넛집 굴뚝에
가느다란 연기가 피어오르면
그 속을 헤치고
마음은 벌써 달려가고 있다
포근한 이 밤
너도 행복을 이야기하리라
온 세상 소복한
눈을 치우면서 또 행복하리
곳간에 가득
흰쌀을 쌓아 올리듯
호호 손을 문지르자
톡 톡 톡
싸래기눈 봉창문 창살에 쌓이면
고요히 잠든 세상 저편
웃고 있을 네 모습 따라 웃는다.

창밖에 눈이 내리고

나의 액자 속은
오늘 눈이 내리고 있다
멀리 보이는
눈밭에 남녀가 누워있고
더 떨어져 바라보면
순백의 스케치북이다

나의 액자는
움직인다.
고개를 돌려도
가만히 바라봐도
움직인다.
어린애가 깡충 지나간다.

액자에
희미하게 김이 서린다.
소매 단을 쓰윽 문지르자
다시 눈이 내리고
미끄러운 길에
거북이도 지나간다.

눈 발자국

대지는 어느 틈에
은백의 태초로 회귀하고
기억 속 검댕들이
흔적 없이 도말되었네

보드란 하얀 손길
고운님을 닮고 싶지만
뽀드득 한 걸음
늘어가는 검은 발자국.

만약에 몰랐다면

오십이 넘자
나이를 헤아리기 싫어졌다
거울도 보기 싫다
어쩌다 지나친 거울 속
낯선 이와 친해지기 싫다
만약에 시간을 몰랐다면
늙고 있다고 조바심을 내랴
이렇게 빨리 늙어간다
곧 죽을 거라 두려워할까
왜 어두운 밤길은
그토록 무서우며
새파란 물속은 그리 두려운가
만약에 공간을 지각하지 못했다면
아름다움이 무엇이며
더러움이 또 무어며
끝없는 공포와 두려움의
근원은 무엇인가
기쁨과 탐욕의 기운은
어디서 오는 것일까
죄를 내가 몰랐다면

두려움과 기쁨을 알까
죄는 무엇인가
선악을 알게 하는 나무를
왜 알게 되었으며
그로 인한 죄를
꼭 알 필요가 무엇인가
만약에 몰랐다면
내게 죄가 없는 것인가
죄를 모르는데 선은 무엇이며
악은 무엇이란 말인가
그러면 무엇을 택할 것인가
무언가를 알게 되면서
시간에 쫓기고 공간에 얽매이고
죄에서 헤매며
영리하지만 교활하게 살다
공포의 시달림 끝 죽음에 이르리니
만약에 몰랐다면
나름 좋은 점도 많으련만
나의 의지와 상관없이
어느 순간 많이 알아버린 운명이여

벗어나기를 원하는가
그렇다면
나를 깨우쳐주신 스승을
만나지 말았어야 한다.
그러나 스승은 이미 내 곁에 없다
나의 모든 불필요한 깨우침을 주신
그 스승을 처음부터
존재하지 않도록 하면 될 것이다
결과로 만약에 몰랐다면
나의 고통은 없을 것이다
그 고통의 원천은 스승이다

그 스승은 지혜다
지혜의 결과는 죽음이므로
구원에 이르기를 원하면
다시 태어나야 한다.
"만약에 몰랐다면"
이라는 세계에서

남자의 일생

접이식
돋보기안경 하나

사진이
흐릿한 주민등록증

아껴둔
만 원 지폐 몇 십 장

못 입어 본
장롱 속 양복 한 벌

불사르며
자식 팔남매 울었다

남자가 잘 모르는 이야기

사람들은 가끔
인류 기원이 남자일 거라 오해한다
어쩌면 신은 남자일 테고
그 신이 여자를 만들었을 거라
오래된 닭과 계란의 이야기처럼

그래서 오만하고
여자를 존경하지 않으려 하지만
어머니가 여자라는 말에
조금은 고개를 숙이고 기억한다
여자의 자장가와 심장 뛰는 노래를

생명의 탄생을 보라
자궁 속 은밀한 내실에서
난자가 잠시 모습을 드러내는 순간
수많은 정자들이 울며 애걸할 때
짧은 선택 후 수많은 버려짐을

어느 쪽이 선택되었나
늙은 어머니의 잘난 아들은
철없고 경박한 어린 소녀들이 자라
장래 어머니가 되는 것이 못마땅하다
때가 이르면 소명을 깨닫는 걸 모른다

항상 감사하자 남자야
너를 길러주신 여자의 자궁을
여자는 신의 모습을 닮은 천사란다
너를 위해 너무 바쁜 신을 대신하여
훈육을 맡으신 어머니를 경외하라

콩나물의 물주기

잘 마른 콩이
동그래상에 또르르 부어진다
할머니 엄니 그리고 누이
여인네들이 둘러앉아
콩에서 뉘를 가린다
뉘만 가리는 것이 아니라
못될 성싶은 콩도 골라낸다.

될 성싶은 콩이
떡잎부터 다르다고 하잖아
그려 싹아지 없는 걸 가리는 거야
하기야 싹수없기로는
요새 되바라진 젊은 아이들
뉘 집 내 집 할 거 없이
요놈의 쭉정이 콩만도 못 혀.

정성껏 시루 속 짚 다발 위에
곱게 담아 날마다 맑은 물
뿌려 주면 곱게 자라면 좋으련만
기회만 되면 덮어둔 보자기 사이로
대가리를 밖으로 삐죽 내미는
태내 피도 덜 마른 새파란 꼴이란
속 썩이는 못된 놈 같다.

이놈 자식아
콩나물에 날마다 물만 준 것 같지
그래서 말라 죽기라도 했냐
정성 어린 물주기로 콩은 싹이 나고
나중에 고운 콩나물 되듯이
니들도 어미 아비 공덕으로
요만큼 자라는 것인데, 혹시나
혼자 자란 양 착각하지 말어.

열두 살 소녀 어머니

오늘 아침 일어나
어머니 방에 문안을 갔다.
어느새 일어나 멀쩡히 앉아계셨다.
나를 보자
갑자기 "오빠"라고 불렀다.
놀라서 뒤돌아 나오려는데
다시 불렀다.
"아빠, 나 쉬 마려."
뒤돌아보지도 않고
방문을 쾅 닫고 나와 버렸다.
눈물이 앞을 가렸지만
곰곰이 생각해 봤다.
어릴 적 어머니가
늘 하셨던 말씀이 떠올랐다.
"애야, 넌 외할아버지를 많이 닮았단다.
큰오빠가 막내 여동생인 엄마를
제일 사랑하셨지."
우리 엄마는 요즘도
열두 살 꽃띠 소녀라서
예순 늙은 아들은 상상할 수 없다

"아빠 ,밥 줘."

오늘도 아들은

어머니의 아빠가 된다.

어머니의 바다

섬은
아무리 목말라도
마실 수 없는
징한 갯물에 떠있다

태고부터 흘린
눈물 한 바가지
두 바가지
모두 모여

가슴 에이는
붉은 한 식힐 때
뿌지직뿌지직
농축의 바다

어메!
뭐 할라 나를 낳아
가시지 않는
목마름을 알게 하시나

갓난아기와 울 엄니

갓난아기가 울고 있다
기저귀가 젖었다
갈아 주니 방긋 웃었다

갓난아기가 또 울었다
조그만 배가 홀쭉하다
젖을 먹이니 방긋 웃었다

울 엄니가 찡그렸다
기저귀를 가리킨다
갈아드리니 배시시 웃었다

울 엄니 표정이 어둡다
식사시간이 늦었다
맛있게 드시고 빙그레 웃었다

많이 닮았다
울 엄니와 내 조카

자전거

페달 돌리기를 멈추면
넘어지는 동그라미 두 개
비교적 간단한 원리지만
꼭 필요한 최소한의 부속은 있다.
편안함을 위한 탄력 있는 안장
관계를 이어주는 동력전달체인
달리는 방향을 조정하는 손잡이
속도 조절하다 문득 멈추는 브레이크
때가 되면 짐도 적당하게 실을 것이다.
안장 뒤 짐칸도 귀찮아 말자.
그냥 달리기는 심심하잖아
딸랑딸랑 쌍방울 소리가 요란하지만
너무 빨리 달리면 쉬 지친다.
천천히 적당한 속도를 유지하고
항상 닦고 기름 치기를 게을리 말자.
관리 잘못하면 녹이 슬어 삐걱거린다.
가능하면 밖에 두지 말자.
이놈 저놈이 함부로 타다가
결국엔 어느 놈이 훔쳐간다.
그렇다고 집에만 두고 너무 아끼면

내 것인지도 잊힐까 염려된다.
항상 내 것보다 남의 것이
좋아 보여도 새 차 물색하지 말고
좀 낡았다고 속도가 덜 난다고
괄시하지 말고 잘 닦고 조여주면
내 몸에 잘 맞는 명품이 될 터
자주 올라 타 동그란 바퀴를 즐겁게 하고
가끔은 땀이 흠뻑 나도록 달려보라
누구나 가질 수 있지만
아무나 가질 수 없는 내 자전거.
오늘은 신나게 페달을 돌려야지.

하얀 거짓말

버릇없는 장닭
한 다리를 들더니
찌이익 영역표시를 한다.

똥강아지가
땀 뻘뻘 흘리며 뛰어와
자기 영역이라 우긴다.

돌연 지축 흔들며
기어 나온 땅강아지
웃기셔 누구 땅이라고

요란한
트랙터 한 대 지나간다.
흔적도 없는 하얀 거짓말

변하지 않는 것
자주 변하는 것을 우기는
별거 아닌 나

욕심

욕심이란 지나친 것
조금 남는 것
부족하지 않는 것을 포함한
버려도 되는 것이라

며칠을 굶으며
달라붙어 찰떡 같은
뱃살을 움켜쥐어도
눈앞에 아른대는
욕심의 환영들

魂 건지기

깊음이여
넓음이여
한없는 포용이며
넘치는 풍성함이여
무한한 감사자여
알지 못하는 존재여
돌아오지 않은
임을 찾습니다.
서러워 웁니다.

오늘
바닷가에 꿇어앉아
임을 부릅니다.
당신이 좋아하실까
징을 울리며 애원합니다.
혼이라도 보내 주소서
잠시 뵈면
임의 혼 달래어
다시 당신에게
보내드리리다.

옥양목 천을
기다랗게 여럿 엮어
임이 생전 좋아하시던
유기 밥그릇에 흰쌀과
이름 석 자를 넣었습니다.
깊음의 끝에 닿으소서
흰 천을 멀리 던지며
소리쳐 부릅니다.

임의 혼 오시걸랑
장대 쥔 손끝에
신묘한 징조로
그 끝이 휘어지도록
흔들어 주옵소서.

인력 소개소 앞 풍경

새벽 5시
타닥타닥
공터에 모닥불이 피어오른다.
시커먼 남정네들이
언 손을 녹이고 있는지
드문드문 헛웃음 소리
왁자한 웅성거림

새벽 6시
모닥불이 사그라질 무렵
승합차에 오르는 남자들
남은 자들은 엉거주춤
불 주위로 다시 모인다.
웃음은 사라지고
울컥 가래침을 뱉어댄다.

새벽 7시
타고 남은 불 자리
숯검정을 발로 비비는
남정네 두어 명
그중 한 사내가
새총을 꺼내서 길옆
잣나무 가지 사이로
잰 총알을 날린다.

푸드득
놀란 비둘기 두 마리
새벽잠이 덜 깬 듯
허둥대며 날아오른다.
펄펄 나는 잘난 것들
떨어뜨리고 싶은
참았던 심통이 도진가 보다.

구제역 단상

구제역이 만연하는 오염된 세상
죄 없는 가축이 살처분되고 있다.
병든 소가 다 죽는 것도 아닌데
영문도 모른 체 생명을 다하는구나.
수의사는 수의학을 공부한 것이
오늘처럼 한스러울 줄 몰랐다고
주저앉아 눈물을 흘리다가
재촉에 못 이겨 다시 살처분 주사기를 쥔다.
여물이며 사료를 주는 주인에게
목을 문지르며 다정한 인사를 하는구나
먼저 간 어미 소를 보내지 못해 핥고 있는
솜털에 물기도 채 마르지 않은 송아지
너도 어미 곁으로 가야 된단다.
아름다운 윤기와 고운 황금빛 털은
이토록 잿빛 죽음을 덮는 거적이 되었는지
얼마나 무서웠느냐 매몰 그 순간에도
온 사지를 부르르 떨고 있구나.
인간은 제 살기 위해 너의 사체 위에
그 독한 생석회를 뿌리고
아직도 덜 식은 몸뚱이에 흙을 덮는다.

십 년 전 끊은 담배 개비에 불을 붙인다.
이게 인간이 할 수 있는 유일한 속죄라니
너를 위해 담배 한 개비로 향을 사른다.

시계 초침

시계는
초침이 가장 길다
지금 몇 초지요

초침이 없는
시계를 보지 마라
시침보다
분침이
분침보다 초침이 귀하다

소중한 순간이
저리 빠르게 흐르고 있음을
초를
귀히 여기는 삶을 살라
너는 유한하다
그렇게 알려주고 있다

5부

제3의 계절

그림자 사랑

오늘 행복합니다.
두 사람이 서로의 그림자가 되려 합니다.
그러나 잘 모르겠습니다.
사랑이 무엇인지 어떻게 사랑해야 하는지
날마다 새벽 유리창에 뽀얀 입김을 불어
사랑의 문양이 지워지지 않도록 살겠습니다.
색종이에 그림을 그리는 어린아이가
지우려 애쓴 흔적 위에 새 그림을 그리듯.
늘 한결같아 변하지 않기를 기도하며
아담한 봄 그림자를 사랑하겠습니다.
더운 여름엔 둘이 바짝 붙어 더 좋을 테고.
긴 겨울 늘어진 모습이 힘겨워 보일 때는
당신과 눈을 맞추고 손을 꼬옥 잡으렵니다.
당신은 밝음 나는 당신을 따르는 그림자
태양을 닮은 달빛이 어두운 밤에 나타나듯
그늘이 진 날엔 밝은 길로 돌아서 가겠습니다.
나를 향한 빛이 그토록 알려주려 한 당신
이제 늘 바라보며 살아갈 너는 내 그림자
사랑보다 지극한 관심으로 따르렵니다.

큰 숲을 이루게 하소서

자식은 부모의 꽃이란다.
고운 꽃이 가지를 떠나는 것은
꽃자리에 열매를 맺기 위한 준비였다.
가지의 영근 열매가 땅으로 내려와
아파하며 성장하는 모습 안쓰러웠지만
흠 없는 미목이 되었구나.

사랑하는 딸, 아들
두 손 잡은 모습 아주 고와 눈이 부신다.
사랑에 대해 잘 알려주지 못했는데
합하여 숲이 되는 법을 어느새 배웠구나
녹우 가득한 큰 숲을 이뤄다오
우러러 비오니, 하늘이여 축복하소서.

당신과 나

당신이 단잠 중에
별 꿈을 꾸고 계실 때
나는 아침 떠오르는
붉은 태양을 바라봤습니다.
어느 날
해님이 서산마루에서
낮달을 마중한 것처럼
이제 우리는
함께 자고 일어나는
사랑의 대상이 되었습니다.
월남의 꽃 홍련화여
내 곁 옥토에서 활짝 웃어요.
맑은 눈 들여다보며
당신이 무얼 말하는지
단박에 알아차리리다.
온전한 사랑을 위하여

귀한 정금을 대하듯
사랑하렵니다.
안 이에우 엠(anh yêu em)

※ 안 이에우 엠 : 베트남어 "당신을 사랑합니다"

동행

축하의 나팔을 울리며
꽃마차가 행진을 합니다.
나란히 달리는 두 바퀴 위에
꿈이 가득 실렸습니다.
둘은 손을 꼬옥 잡고 갑니다.
항상 눈을 마주봅니다.
서로는 거울입니다.

나는 나를 항상 사랑합니다.
너무 귀한 다른 나를 대하듯
사소한 실수는 눈을 찡긋하고
늘 감사할 일을 찾아
나의 거울 앞에 미소로 답하는
아름다운 동행이 되렵니다.

오동나무에 봉황이 앉다

오동나무 씨앗 심어 고이 고이 품에 안듯
낙엽지고 새순 돋기를 스물다섯 해 긴 세월
교목으로 자라기를 오매불망 기다렸더니
남들이 입을 모아 상서로운 기운이 머물더니
옥과 같이 곱디고운 미목이라 칭송하네
경사로다. 오동나무 가지에 봉황이 찾아왔다.

서원하며 기도하기를 스물여덟 해 가고 오니
민들레 홀씨가 바람을 얻듯 사랑의 기원이
지고지순 하늘을 감동시켜 봉황을 보냈구나.
오음에 맞는 그윽한 사랑 노래로 화답하며
철마다 대나무 열매와 영천의 물을 마시니
종신토록 봉과 황이 사랑하리라.

오작교에 서다

구월이여 너의 결실은
달고 아름다워 축복의 꿀이 넘치는구나.
하늘의 달도 밝아 고운 칠석날 같다
꿈에 그리던 오작교에 두 연인이 서 있구나.
견우야 직녀야 이 날을 위해
네 아비는 까마귀로 살았고
어미는 까치로 살다 정수리가 벗겨졌다.
몸이 부서지도록 서로를 잇대면서
반평생 오작교를 세웠노라.
흐르는 물이 달빛에 수정처럼 빛나고
그 속에 비친 두 사람의 그림자 곱기도 하다.
이 기쁜 축복의 날이 영원하기를
행복이 넘쳐도 눈물이 흐름은 웬 까닭인고.
다리 아래로 세월의 강물이 흐르리라
잔잔한 물결이 때론 파고를 일으킬 것이고
둘의 그림자도 따라서 흔들릴 것이다.
사랑도 강물처럼 흐르리니
반드시 고요할 때 다시 비춰 보라.
서로 하나 되기를 얼마나 열망했으며
네 심장의 기운이 머문 왼손 약지에

가락지를 끼워 주며 존대의 맞절을 하였는지
그 행복하던 처음 순간을 늘 기억하자.
부모는 점점 쇠잔하여 너희를 위한
오작교는 다시 만들지 못하리니
이제 그대들의 집을 만들고
네 부모처럼 새로운 까막까치가 되어라.
가을의 화려함은 겨울을 위한 준비란다
달콤한 술에 너무 취하면 깨어나 후회하니
겨울을 이기려면 서로 동등히 존경하라.
이 대지 위에 잉태하고 번영하여
잘 경영한 그대들의 행복한 터를 바라보며
우리도 따라 크게 웃으리라.

귀항

어느 이른 봄날
부드러운 마파람이 불자
투망배가 항구를 떠난다.
어린 새가 둥지를 벗어나듯
춘궁의 어려움을 극복하려
희망의 돛을 올렸다.
눈자라기 어린 자식은
돌아와 고이 품으리
내 어미의 눈물도 거두어야지
곧 돌아오마.
높이 나르려 하는 새가
폭풍을 두려워하지 않고
독수리 큰 날개를 펴듯
험한 파도를 이겨낸
기쁨이 가득한 만선.
오색 풍어의 깃발 펄럭이며
풍장굿 신명나게
조도에 귀항한다.
오호라 깃대에
고운 무궁화를 달았구나

지금부터 시작이다.
이제 대나무 열매가 아니면
먹기를 삼가고
벽오동 나무가 아니면
헛되이 머물지 아니하리라
조도 큰 배의 키를 잡은
선한 선장이 되리.

내 고향 조도

고향
누가 두고 왔다 했나요
오죽했으면
눈물 젖은 새벽 보리밥
물 말아 급히 먹고
허리 굽은 아버지가 노를 잡은
객선 맞이 전마선을 타고
옥소호에 몸을 실었습니다.
어머니
그 쇠갈퀴 같은 손으로
새벽 밭 매러 가실 때
불효 죄인은 쫓기듯
고향을 떠나야 했습니다.
아가
허튼짓 하지 말고
열심히 일해 돈 모아라
못난 부모가 죄인이다.

알았당께라…….

그날
내 눈에서 흘러내린 눈물이
조도 바다에 소리 없이
녹아 내렸습니다.
고구마도 맛있고
보리밥도 감사하지만
흰 쌀밥 실컷 먹고 싶어
서울사람 되려 했습니다.
살아도 오래 살아도
절름발이 반쪽입니다.

힘들다 떠나온 조도
돌아오고 싶었습니다.
돈 벌어서 가야지
돈 많이 벌어 어머이 아부지께
효도해야지
마음은 그랬는데
부모님은 기다려주시질 않고
먼저 가시었습니다.
뒤늦게
고향을 들먹이니 염치가 없네요.
부담 갖지 마십시오.
환영해 주시지 않아도 좋습니다.
여러분이 고향을 지킬 때
너희는 고향을 위해 무얼 했냐고
책망하신다 해도
고개를 숙이겠습니다.

오늘은 팔일오 광복절
흩어져 살던 형제자매가
모두 어울려 춤을 춥니다.
꿈에도 그리던 조도에서
신명의 잔치가 열립니다.
온갖 희생 감내하신
조상님이시여
잘살아 보라 힘을 주신
부모님이시여
아름다운
조도를 축복하소서
우리 모두 손을 잡고
강강수월래 춤을 추렵니다.

장도

맵시 고운 새는
가시덤불을 좋아하지 않으며
높이 나는 새는
그 꼭대기에 연연하지 아니하고
멀리 나는 새는
앉았던 자리에 미련을 두지 않네.
큰 새가 날아가는 하늘
아무나 가는 길은 아니라지.
귀한 새가 내려앉을
벽오동나무가 있더란다.

떨어지는 꽃은 서럽지 않다
(구국의 꽃 유관순 열사1)

사랑하며 사랑받는
꽃처럼 살겠다던 이팔 소녀를 아시나요
부지런히 공부하여
이 나라와 민족을 위해 꽃이 되리라
늘 기도했지요.
고향 병천 부모님을 돌보아 주십시오.
모세가 애굽의 억압에서 제 민족을 구하듯
여호수아가 여리고 성을 무너뜨리듯
그러한 기적을 이루게 하소서

소녀는 가슴에 태극기를 품고
기미년 사월 병천 장날
따뜻한 어머님의 손을 힘껏 잡고
태극기 쥔 바른손은 하늘에 기원하며
일제의 철벽을 향해 돌진합니다.
우레 같은 함성과 태극기의 물결이
지축을 흔들었습니다.
만세! 대한 독립만세!
하늘과 세계만방을 향해
민족의 자존을 목청껏 외쳤노라.
젊은 심장이 그러라고 했습니다.

왜놈은 사람이 아닌
짐승보다 못한 야차였습니다.
뜨끈한 붉은 피가
아버지의 가슴에서 솟구치고
무자비한 인간 도살이 자행되었지요.
주인으로 살지 못할 바에야
차라리 여기서 모두 죽으리라
짐승의 종으로 목숨을 부지하느니
결단코 죽으리라 맹세하였습니다.
만세 만세
총탄이여 내 심장도 찢어다오
부모 형제의 피는 흘러 흥건한데
무정한 주검이여 왜 비켜 가려느냐.

눈에도 선한 피에 젖은 부모 형제
차라리 눈 감고 싶은 고문의 연속
말과 글로 옮기기도 더러운 만행
옥중에서 스러져갈 때
이 나라와 민족의 독립을 염원하며
새로이 만세를 불렀지요.
나라 없는 백성은
이팔 소녀의 꽃 꿈도 이룰 수 없습니다.
무궁화 푸른 잎에 영롱한 아침 이슬이
주르르 흘러 대지를 적십니다.
조국이여 민족이여
독립운동 다시 하지 마십시오.
만세는 옥중에서도 외치지 마십시오.
선열들의 핏값으로 얻은 이 땅에
희생의 밑거름이 되었으니
떨어지는 꽃이 서럽지 않음은
꽃자리에 맺을 고운 열매로 인함입니다.

비석

죽을 만큼 아픈
사람 죽지 않을 만큼
미워하며 살자 했나

어리석다
용감하다

친구여 가슴 찢어 보여줄까
사는 것이 치욕인 것을

아 우리 조국
죽을 만큼 아픈 사람들
살고 싶어 먼저 간다

"누구도 원망하지 마오."
불꽃처럼 훨훨 살다 갔나니
친구들 다니는 길가
작은 비석 되리.

새가 사는 나무

새는 나무에
새들은 숲에
산다

나무에 앉은
새는 고고하고
숲에 사는 새들은
행복합니다

새 한 마리
살던 숲에서
하늘 높이
날아 올랐다

날던 새가
커다란 나무 아래
키 작은 숲을
돌아다봅니다

꽃들이 봄을 증오하며 운다

해무 자욱한 춘사월, 달 밝은 밤
꽃 몽우리가 끈적끈적한 껍질을 힘겹게 열며
하나둘 소리 없이 피어 올랐다.
여기저기서
숨죽이던 밤이 술렁이며 봄맞이 축제가 시작됐다.
호호호
하하하
아 얼마나 아름다운 밤이냐
내일은 봄꽃 향기로 온 제주가 숨이 막히리라
새 아침도 그렇게 싱그러운 꽃과 함께 피어났다.
꽃들은 서로 바라보며
칭찬하며, 쓰다듬으며, 볼을 비비며 소리를 질렀다
오호라 아름다운 우리의 봄이여

이 벅찬 봄이 꿈이었더냐
방금까지 그렇게 싱싱하고 촉촉한 꽃송이에
그 누가 쓰고 짜디짠 소금물을 뿌려 시들게 하였나
영문도 모른 채
처음엔 아름다운 성장을 위한 잠깐의 아픔이련 했다.
나의 찬란한 봄이여
나의 미래여
나의 분신이여
사랑한다. 너무 너무 사랑한다.
돌아오라 부디
맹수의 아가리에 떨어져 시든 봄의 축제는 끝났다.
부디 좋은 세상이 있어 너희들의 봄 축제가 이어지기를
두 손이 닳도록 발바닥에 피가 나도록 문지르다
이 찬란한 봄을 증오하노라.

할부 자살

아버지는 갑상선암 환자셨다.
조기에 발견 치료하여
수술 안 하고 십 년을 더 사셨다.
그러던 어느 날
그동안 끊었던 담배를 다시 태우셨다
아버지 담배 피우지 마십시오.
자식들이 모두 말렸다
그리고 얼마 후
감기가 오랫동안 낫지 않고
기침할 때 가끔 피가 묻어 나와
병원에 가니 폐암이랬다
이미 4기를 넘어 수술이 안 되고
방사선 치료도 불가능하다고
앞으로 3개월 시한부 선고를 받았다
그러던 3개월 후
아버지는 기도가 막혀서 돌아가셨다
그 좋아하시던
담배도 다시 끊었는데
자식들에게 잘 살라고
한마디 말씀도 못하고

할부 자살을 마치셨다
미움도 할부 자살의 한 종류라는데
나는 아버지를 미워하며
담배의 달콤함을 증오하며
쓰디쓴 소주잔을 꺼억거리고 있다.

쌈닭

숲에서 살 때는
어쩌다 내 암탉 엉덩이 산란관에
살을 비비려는 그놈이 미워서
적당히 겁주어서 쫓으려고
발길질과 날개를 퍼덕인 것뿐입니다

어느 날부터
친절한 주인님이 돌봐주면서
누가 내 사랑을 훔쳐갈까 봐
따끔하게 일격을 가해 쫓아버리곤 했습니다
사랑은 나누어 가질 수 없는 거잖아요

더없이 고마운 주인은
하루가 멀다고 고급스러운 먹이를 주십니다
그분은 나의 신이십니다.
이제부터는 당신을 위해서라면
내 목숨은 하찮은 장식에 불과합니다

사랑하는 나의 신이시여
당신의 뜻이 그러하십니까
나의 발톱은 아주 보잘것없나이다.
날카로운 창칼을 내려 주옵소서
거룩한 전쟁에 적을 섬멸하겠나이다.

이제 깨달았습니다
주인님은 내 생명의 근원이십니다.
당신을 위해서라면 모든 것을 버려도 좋습니다
아! 설령 이 몸 부셔져 사라져도
당신이 마련한 저 낙원에 있을 거니까요

기후 변화 대응

땅이 덥고 하늘도 더우면
가뭄이 들고,
땅이 덥고 하늘이 차가우면
비가 내립니다.
땅이 차가울 때 하늘마저 차갑다면
아마 눈이 많이 내릴 겁니다.
하늘과 땅이 서로 차가울 때
어떻게 서로의 체온을 데우나요
땅과 하늘과 태양은
본디 유기적인 한 생명체라 합니다.
땅이 태양에게서 등을 돌리고
태양이 땅에 빛을 주지 못함은
그 둘 사이에 존재하는
대기환경의 오염 때문입니다.
땅아 오염물질 배출을 먼저 감축해라
그래야 대기가 맑아진다.
그렇지만 힘없는 땅은 단순하여
급할 때는 하늘 위 태양을 바라보며
가끔 웃지만 절망도 금방 합니다.
따뜻한 기운이 대지에 골고루
비추도록 당신과 땅 사이를 가리는
대기환경을 걱정하며 늘 살피소서.

유기견의 비애

큰 사랑을
한 번도 의심하지 않았지만
주인이 버리고 사라졌다.
운이 좋아 보호소에서 10일 지내며
안락사도 면하고 다시 분양되었다.

다시는
새 주인과 헤어지지 않을 거야
그래서 운동 나오는 날이면
오줌을 조금씩 자려 길을 표시했다.
찔끔찔끔

어느 날
새 주인과 산책하였는데
실수로 오줌을 너무 많이 누었다
오래 걷다보니 오줌이 더 나오지 않았다
그래서 다시 집을 찾아가지 못했다.

무단배출

질량불변의 법칙은
물질 수지계의 기본 원리다.
들어가는 양은
반드시 어떤 에너지 형태로 변환되어도
그 질량의 합은 불변 배출되는 것이다.
그래서 물질계의 바이패스 현상은
심각한 오류에 속한다.
들어가는 물질이 정상적으로
에너지로 변화한 후 나머지 물질 중
가치가 덜한 것은 함수율이 낮은 슬러지 형태
수분은 정상적인 배출구를 통해
적정처리 배출되어야 한다.
이것이 인간의 물질 수지계이다.
질 낮은 알코올계 연료의 과다주입 등으로
똥만 나와야 하는 항문에서
적색의 FIA(유량 지시 경보) 부저가 울렸다.
무단배출이다.
공정을 잠시 쉬게 하고
장치 내부를 깨끗이 청소한 후
고장 난 곳을 찾아내 수리해야 한다.

그리고 그 행위자 또는 관리자는
정상적인 물질수지와
질량불변의 법칙 영속을 방해하였기
자연법에 의거 가택연금 및 금주령에 처한다.

曉霜楓葉秋酣

새벽서리가 丹楓잎에

내리니 가을은 깊어만가네

전규태 박사 畵 / 서예가 "석천 임봉길 선생님"의 글

색다른 光度와 密度짙은 시도

– 麗尾 박인태 제2시집 《징하게 좋은 사랑》 –

전규태 (문학 평론가, 전 연세대국문학과 교수)

1.

우리들이 살고 있는 세계와 분간하기 힘든 또 하나의 세계가 따로 있다. 바로 시의 세계다. 현실세계와 시의 세계를 구별하는 지렛대는 이른바 '슈프림픽션'이다. 일찍이 쉬르레알리즘의 시의 경우 넓은 의미에서 좀 환상적인 내용이라든가, 아니면 추상성을 띤 모호한 표현으로 언어의 독특한 실험을 통해 서로 다른 영역을 연맥시켜 본다든가, 무의식의 자기 기술記述을 함으로써 가공적인 상상력의 울타리를 쌓은 반反리얼리즘이기도 했다.

이러한 시인들의 시 세계는 '사물 그 자체의 세계'와 '상상한 세계 두 가지로 나누어 볼 수도 있다. 전자前者는 예컨대 하버드대 출신의 지성적인 시인인 마크 스티븐스 Mark Stevens를 그리고 후자는 여류작가 거투르드 스타인Gertrude Stein을 들 수 있다.

이들의 시적 흐름을 회화에 비유해 본다면 인상파화가 모네와 마네에 견주어 볼 수도 있겠다. 마네의 유화에 약간 '징크화이트' 로

엷게 색칠을 덧씌운 듯한 그림이 모네의 작품이라고 내 나름대로 견주곤 하는데, 그만큼 그들의 작품은 장식적이고 인상적이며 초허구적인 데가 있다.

하나의 사물이나 이야기에 대하여 우리가 느끼는 일종의 흥분된 감정이나 심적 상태가 바로 시의 내용이 되고, 모태가 되는 이른바 시의 정신이다. 박인태 시인의 이번 시집은 계절의 추이에 따른 고향의 이야기들이 다소곳한 가락 속에 시심이 담겨져 있다.

그는 사실이나 풍광의 전달보다는 거기에서 받게 되는 느낌을 고즈넉이 표현한 것이며 감정의 진실이 나름 잘 담겨져 있다.

시가 감정이나 감동을 언어로써 표출한 것임은 췌언할 나위도 없는 것인데 언어에는 크게 두 가지 기능이 있다.

그 하나는 말이 지닌 뜻을 통하여 사물의 지시는 구실을 하고, 다른 하나는 말의 소리나 음향으로부터 생기는 운율을 통하여 우리의 질서를 표현하는 구실을 한다.

이 시집에 수록된 많은 작품들은 고향의 토속적인 가락인 진도아리랑의 율조를 적잖이 느끼게 한다. 외재율 이외에도 7.5조 또는 3.4.3.4의 시조의 오랜 가락도 담고 있다.

오래전 그대와 헤어진 길가, 그루터기에 앉아
솔직히 돌아올 기약 없어도 너는 습관처럼
길 돌아, 같이 걷던 제자리로 되오지 않을까

– 〈오솔길〉 전문

음수율을 꼭 지키지는 않았으나 두운법을 원용하여 절제된 언어로 재치 있게 형상화한 이런 정형시가 시도되고 있다. 그러면서도 감정의 움직임에 충실한 내재율이 있어 좋다

첫 시집이 평이한 문체와 직설적 어조의 가벼운 표현 경향이 두드러진 데 반해 이번 둘째 시집에는 순수 서정시보다는 메타포와 이미지의 광도光度와 밀도密度가 한결 더 돋보인다.

참고로 박 시인의 첫 번째 시집 《당신이라는 나》에서 메타포가 나타나는 작품으로 〈밤꽃 피는 계절〉, 〈동굴탐사〉 등 그 의미가 남녀 운우를 표현하는 경우에 필요에 따라 조금씩 직설을 피해가는 기교를 보이고 있다.

그의 시는 대부분 꽃이라든가 일상의 의미가 있는 사건들을 가벼운 '코믹' 터치로 다루어 자못 유머감각을 보이고 있다. 한편 유년시절의 향수와 가족애의 애환이 많이 묻어난다.

겨울이 아쉬운지
다 꺾인 기세의 허풍이 불고
봄은 이제 제철이라고
따가운 볕을 내린다.
모처럼 마당 장대 위를
빨랫줄이 타고 넘자
오색 빨래가 관능의 몸짓으로
느끼한 춤을 추기 시작한다.

바지 빨래가 줄을 타고 와서
치마 빨래를 와락 감고
옆집 빨래는 담을 넘다가
땅바닥에 주저앉았다.
그런저런 사연으로 빨래대가
휘청거리는 사이
남은 겨울과 봄이 어울리는
빨래가 잘 마르는 날이다.

–〈빨래가 잘 마르는 봄〉 전문

제1부에 수록된 이 작품은 인생에서 봄에 해당하는 사랑의 감정을 잘 메타포 하고 있다.

이 시에서 시인은 봄을 계절적인 의미보다 인생의 봄과 사랑을 중의적으로 표현하고 있어 첫 번째 시집 《당신이라는 나》 등과 퍽이나 유별된다.

박인태 시인의 종래의 시는 조금은 "화조풍월花鳥風月" 조의 '나이브' 한 순수 서정시에 가까웠지만 이번에 발표된 시의 경우 '쉬로레알리즘' 또는 '슈프림 픽션' 을 구사하던 시대에 살지도 않았고 그런 소양도 없는데도 불구하고 앞서 든 시인의 성향이 녹아있다.

시인은 이번 시집 《징하게 좋은 사랑》에서는 '딕션diction' 과 '프로스딩'의 개혁으로 자못 새로운 서정의 질감을 느끼게 하는 작품들을 수록했다. 박 시인은 전라남도 진도 출신답게 구수한 남도 사투리와 거기에 민요풍의 가락이 군데군데 배어 있어 보편적인 '포

에지poésie의 원질原質' 에 접근하려는 고심 어린 흔적이 도처에 엿보인다.

위의 시의 내재 운율은 기본적으로 〈진도아리랑〉의 리듬과 거의 정확히 일치한다. 〈진도아리랑〉의 가사 부분은 대부분 즉흥적이고 현시적인 점을 고려할 때 후렴 및 도입부

아리 아리랑 스리 스리랑 아라리가 났네

아리랑 흥흥흥 아라리가 났네

가사 부분에

겨울이 아쉬운지……, 허풍을 불고

봄은 제철이라고 따가운 볕을 내린다

등에서 보듯 따뜻한 봄날 무심히 지나가면 그만인 것을 이 시인의 눈에는 겨우내 묵은 빨래가 울긋불긋 마당 가운데 흔들리는 모습이 마치 춤을 추며 노래하는 〈진도아리랑〉의 숨겨진 카타르시스를 발산하고 있다. 이 또한 절묘한 매치를 보이고 있다.

2.

박 시인의 역설적인 고백은 다만 시형이나 기법상의 흥미에서만이 아니라, 자칫 사시안斜視眼으로 볼 수 있는 반反 도덕적 면모도 서슴없이 노출시키는 등 이제 제법 대담하면서도 뭔가 노련미가 가을맞이를 한 연령층답게 과감히 보여주고 있다.

이런 시적 고백은 제2부 〈낮달이 흐르는 날〉에 더욱 두드러지게 나타난다.

서산 너머로
하루 일을 마친
피곤한 태양이
붉은 포단蒲團을 깔고
드러누우려나
그리 말하지 마오.

동산 위
청청한 하늘 중턱
하이얀 낮달이
가쁜 숨을 몰아쉽니다.
밤을 준비한다.
짐작하지 마오.

서로를 미워할 거라
그리 말하지 마오.
해님은 달을 찾아
서산을 기웃거리고
달님은 해님을 쫓아
동산을 넘어온다네.

한 달에 몇 번
소곤이 이야기하려
달리다 하얀 숨 막힐 때
가던 길 잠시 돌아서
애간장 녹아지는
사랑의 눈짓을 하는 것.

―〈낮달이 흐르는 날〉 전문

제2부에 수록된 이 시는 쉬르레알리즘의 시처럼 스토리텔링을 하고 있지만, 그런 시들처럼 난삽함이 없이 평이한 언어로 사물 그 자체의 언어와 상상된 세계가 잘도 공존하고 있다. 그러면서 우리들의 내면에 자리한 사랑의 감정보다는 해 뜨고 달이 지고 별이 뜨는 우주 질서를 뒤집어, 해도 달도 뜨는 그런 상황을 고즈넉이 이야기해준다.

이러한 이야기는 고향인 진도 조도 여미리를 배경으로 담담하게 엮어가고 있다. 3부에서도 이러한 흐름은 이어진다.

엄메
어짠가?
아들래미 맛난 거 사옹께
어짜냐고 야?
좋아부러

엄메

쩌어 밖에 허벌라게 눈 오는디

울 아배

바다로 괴기 잡이 가서 못 올 때

마중가서 울던 날 안 같어?

엄메

울 아배가 그렇게 좋던감?

뼈얼써 흙 되었것다

좋았제

징하게 좋았어야

—〈징하게 좋은 사랑〉 전문

여기서 가을은 맺음 곧 결실이라는 연상작용associative imagination을 불러일으키게도 하는데, 그 근저에는 뭔지 모를 아쉬움이 감돌기도 한다. 이는 그토록 인간의 삶에 있어서 모두라고 정의해도 좋을 사랑의 본질에 대해 이야기하지 않는다면 문학도 삶도 무의미할 것이다. 제1부에서 언급한 사랑도 인생의 역동적인 삶의 기본이 된다. 남녀가 사랑하지 않았다면 인류의 미래는 없는 것이다. 그래서 나름대로 사랑은 이런 것이라고 정의하며 열심히 살아왔지만 돌이켜 생각하면 아마도 그 사랑이라는 것이 꼭 아름답다거나 회환 같은 것이 없었는지?

잘 살았기 때문에 사랑이라는 이름으로 불리게 될 자격이 생긴 것은 아니리라. 생각하면 안쓰럽고 눈물이 나는 징그럽게 좋은 사랑도 있는 것이다.

3.

제3부에서 화려하지 않은 사랑의 의미를 찾고 있다.

이들 시에서는 앞의 예시보다 한걸음 더 나아가 두 세계를 버무려 담고 있다. 서로 다른 상황을 연맥시킨다고 하는 것은 얼핏 '쉬르레알'을 연상시키겠지만 박인태 시인은 어린 시절의 회억이 일종의 무의식의 자기를 기술하고 있는 성싶다.

이는 첫 번째 시집에 수록된 〈당신이라는 나〉에서 나오는 이야기의 연속선상에서 유추해보면 지난 시절을 통하여 현재를 돌이켜 보면서 뭔가 아쉬움의 회환과 조급한 심상이 녹아나 있어 보인다. 이런 심상은 다음 시에도 잘 드러나 있다.

빨갛게 치장한 암컷이
하늘을 낮게 날며 수컷을 유인한다.
삼만 개의 홑눈을 품은 헬멧 같은 겹눈
360도를 주시하다가 시속 60km 속도로
수컷이 덥석 달라붙었다.
술 취한 듯 모자이크로 보이는 그놈이
세상에서 제일 잘난 것으로 과장돼 보였다.
그것은 암컷이나 수컷이나 다 약점이다.
엉겨붙고 나서야 눈앞에 알짱거리는 놈이

어제 그놈인지 고개를 갸웃거린다.

교미 후 수컷의 꼬리는 암컷의 머리를 잡고

낮게 날며 암컷의 꼬리가 스치듯

수면을 탁탁 치는 경쾌한 산란을 꿈꿨다.

이미 어찔해진 눈은 반들반들하게 색칠한

자동차 보닛 같은 건물 옥상 바닥을

수면으로 착각하고 산란을 시도했던 미련퉁이다.

엊저녁 친구네서 자고 출근했노라 거짓 변명

고추잠자리가 살아있는 입을 꿰매버린다.

빨간 치마가 바람에 펄럭일 때

꼬고 앉은 다리 속살이 언뜻 드러났다.

그녀는 고추잠자리를 바라보다 말고

얼굴에 홍조가 돋고 입가에 묘한 미소를 흘린다.

―〈고추잠자리〉 전문

위의 시는 다음에서 그 해답을 제시하고 있다

가을이네

뭘 찾는다 하늘 쳐다보나

아 글씨

울 아부지 어메 보고잡네.

아따

그 곱던 고추잠자리는

다 어디에 있을꼬

고추잠자리 말일세.
연못에 알을 낳고
암수가 죽을 때까지 보살폈다 그러드만.
근디 한두 주나 지났을까
알에서 깬 학배기가 너무 보고 싶다고
암컷이 물속에 뛰어들었다네.
날도 추운디 뭐가 좋아 안 나오나
수놈도 따라서 들어갔다는 거여
그 뒤로 둘 다 나오지 않았다지.
나중에 보니
학배기 놈들이 부쩍 살이 올라
물속에서 잘 살더라는 이야길세

―〈고추잠자리는 어디로 갔을까〉 전문

이 시는 청춘의 조급한 선택이 얼마나 덧없는 것임을 진솔하게 고백하며, 다른 한편으로는 그렇게 부족한 인생이 성장하여 다시 부모로서의 역할, 그러니까 자식을 향한 희생의 감수가 묻어나 있다. 그러면서 중년에 접어들었는데도 꺼지지 않는 불씨 같은 감성을 밑바닥에 깔고 있다.

'사랑'이라는 고귀하고 아름다운 단어를 남녀 간의 연애 정도로 한정시키지 않는 아가페적 사랑은 시적 매력을 잃은 지 오래고 오직 에로티시즘적 사랑 타령이 홍수를 이루는 사회에서 왜 사랑의 본질이고 실체인 나눔과 배려, 희생과 봉사는 뒷전으로 밀려나야 하는가를 곰곰이 생각해보게 하는 작품이다.

계절의 추이趨移에 따라 제4부는 겨울을 소재로 하고 있다. 봄, 여름, 가을에 비해 겨울의 장에서는 이 시인의 기법은 한결 더 '파라독시칼' 해진다. 겨울과 어울릴 것 같지 않은 아래의 시를 살펴보자

버릇없는 장닭
한 다리를 들더니
찌이익 영역표시를 한다.

똥강아지가
땀 뻘뻘 흘리며 뛰어와
자기 영역이라 우긴다.

돌연 지축 흔들며
기어 나온 땅강아지
웃기셔 누구 땅이라고?

요란한
트랙터 한 대 지나간다.

흔적도 없는 하얀 거짓말

변하지 않는 것
자주 변하는 것을 우기는
별거 아닌 나

―〈하얀 거짓말〉 전문

박인태 시인은 겨울이 어떻게 하얀 거짓을 한다고 했을까?

그는 눈이 내리는 모습이 낭만적인 것 같지는 않아 보인다. 오히려 도사리고 기다림이 있어 보인다. 아직은 이루지 못한 삶의 목표를 연민하고 안타까워한다. 어쩌면 오늘이 꿈이기를 바란다. 지난날로 되돌아가고 싶지만 혼미스럽게 생각한다.

대지는 어느 틈에
은백의 태초로 회귀하고
기억 속 검댕들이
흔적 없이 도말되었네

보드란 하얀 손길
고운님을 닮고 싶지만
뽀드득 한걸음
늘어가는 검은 발자국.

―〈눈 발자국〉 전문

하얗게 눈에 덮인 대지는 죄가 도말된 인간의 신을 닮은 모습을 보여준다. 죄가 없는 또는 거짓이 없는 의미가 아니라 가려진 것을 의미한다. 그래서 시인은 자신이 무엇이 된 것 같은 착각에 빠진다.

진정한 문학의 의미는 무엇이며, 과연 문학이 인간을 어떻게 유익하게 할까 하는 물음을 생각해 보게 도 된다. 우리는 문학작품에 대해 내용은 좋은데 형식이 나쁘다든가, 형식은 좋은데 내용이 나쁘다는 식의 말을 자주 듣는다. 그것은 어떻게 쓰느냐가 중요한지, 무엇을 쓰느냐가 중요한가 하는 해괴한 문제가 된다. 문학에 대한 시인의 생각은 아직 정리되지 않은 하얀 겨울의 거짓말 같은 현실이다.

제3부의 〈무꾸리〉라는 시로 돌아가 보면

젊어서는
세상이 조금 만만하더니
요새 하는 일은
깜깜한 밤길 같네.

50 고개
이제 인생 고락 조금 알까
3년 고개는
잘 넘어야 한다는 의미

그 고개

한숨에 무릎만 아프구나.
무꾸리를 하여
액막이굿이라도 한판 해볼까

―〈무꾸리〉 전문

시인은 집 나간 스스로의 영혼을 되불러들이고 싶어 한다.
이제껏 잘못 산 삶이라면 이제라도 돌려야 한다고 생각한다.
그리고 인생의 기로에 서 있다고도 느낀다.

그리하여 제5부 제3의 계절에서는 앞장의 하얀 거짓말이 실제로는 정말 하고 싶었던 이야기임이 드러난 기회가 된다면 지나온 세월을 거울 삼아 축복하고 이웃을 돌아보며 종국에는 가족과 나를 사랑하는 그런 시인이 되고 싶은 것이다.

당신이 단잠 중에
별 꿈을 꾸고 계실 때
나는 아침 떠오르는
붉은 태양을 바라봤습니다.
어느 날
해님이 서산마루에서
낮달을 마중한 것처럼
이제 우리는
함께 자고 일어나는
사랑의 대상이 되었습니다.

월남의 꽃 홍련화여
내 곁 옥토에서 활짝 웃어요.
맑은 눈 들여다보며
당신이 무얼 말하는지
단박에 알아차리리다.
온전한 사랑을 위하여
귀한 정금을 대하듯
사랑하렵니다.
안 이에우 엠(anh yêu em)

※ 안 이에우 엠(anh yêu em) : 베트남어 "당신을 사랑합니다"

—〈당신과 나〉 전문

이 시는 '우리'를 지향하려는 시인의 심상이 연연하다.

'나'를 '□' 속에 가두면 '남'이 되는 것이니 '너'와 '나'는 문자 그대로 여반장이기도 한 것이다. 기쁠 때는 함께 기뻐하고, 슬플 때는 그 슬픔을 나누며 스스로의 정체성을 찾고자 한다.

조금씩 사회적 문제점도 살피려 참여의 문학도 하고 싶어진다. 종국으로는 가족과 나를 돌봐야 한다고 다짐해 본다. 현대 사회의 비인간화 현실, 혼미의 감각을 이제는 제대로 회복하고 싶어 한다.

이와 같은 '커미트멘트' 에 의해서 흥겨움이 감도는 이 장은 그렇게 잉태된 것이다. 이번 시작에서 그 저변으로 흐르는 익살스러움과 이런 안목에의 그의 시가 옹글게 독자에게 이해되었으면 한다.

이와 같은 그 나름의 고즈넉함과 다소곳한 시풍은 계절을 삶의 추이로 전이하며 새로운 관점에서 조명해야 한다.

그의 시가 전체적으로 화려한 시어의 나열이나 전시용 시를 지양하고 거짓됨이 없다는 점과, 제1집에서 보인 독자를 향한 시적 감정 동화를 요구하지도 않고 자신의 역량 내에서 시적 완성도를 위해 노력한 부단한 습작의 흔적이 엿보여 대견하다.

마지막으로 박인태 시인에게 한마디 더 덧붙인다면, 문학이란 이런 것이라는 정의에 들어오지 않는 것은 문학이 아니라는 생각에서 우선 벗어나야 한다. 급하다 보면 자칫 형식에 끼워 맞추는 내용 없는 시가 되고 습관화되어 시를 욕되게 하는 명함만 시인인 대열에 자신도 모르게 끼어들게 됨을 늘 경계하고, 시 한 편을 쓰더라도 보여주기 위한 전시용 시작詩作이 아닌 자신만의 목소리와 색깔과 언어로 작품을 창작시켜야 된다는 점을 당부한다.

조급하게 뭐가 되려하지 말고 묵은 술처럼 조금씩 익어가는 그런 시인이 되기를 믿는다. 진도하면 생각나는 시인, 〈진도아리랑〉 운율과 사람들의 가슴에 남아 어울리는 그런 아리랑 시인이 되기 바란다.

2015 신년원단
서울 한뫼 서재에서.